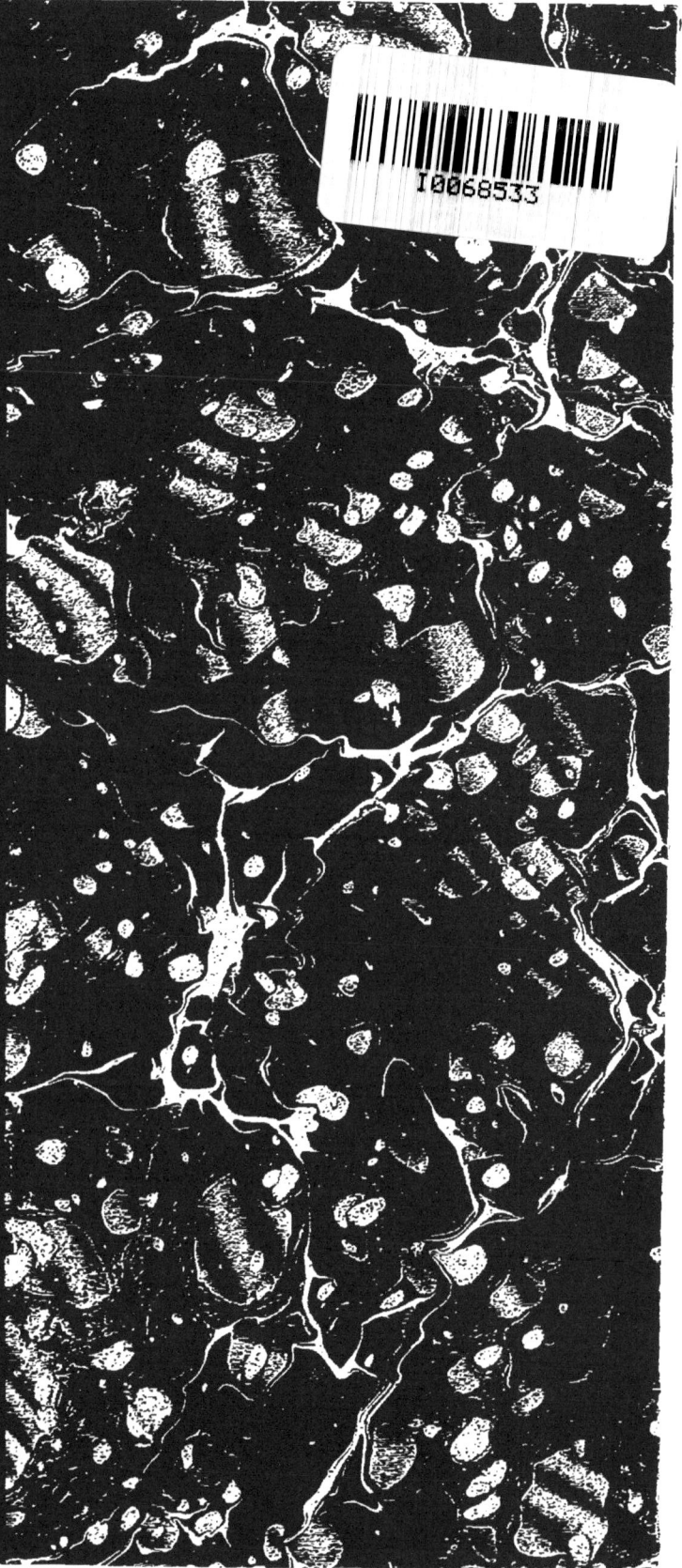

MÉMOIRE

SUR LE DUEL.

IMPRIMERIE DE P.-F. DUPONT, FILS, HÔTEL DES FERMES,
RUES DE GRENELLE-SAINT-HONORÉ ET DU BOULOY.

MÉMOIRE

SUR LE DUEL;

Par M. LOISEAU,

Docteur en Droit, Avocat aux Conseils du Roi et a la Cour
de Cassation.

A PARIS,

Chez Antoine BAVOUX, Libraire, rue Gît-le-Cœur,
n° 4.

1819.

MÉMOIRE

SUR LE DUEL.

Quelle est donc cette folie qui porte l'homme à abréger lui-même le terme de sa vie, à trancher d'une main criminelle le fil de ses jours, à devenir son propre bourreau ?

Quelle est donc cette autre fureur, cette frénésie, cette rage, de mettre sa vie dans un cornet, et de la jouer contre la vie de son semblable ? de tremper sa main dans le sang pour laver une injure, de croiser l'épée, de s'entr'égorger, de tuer un compatriote, un camarade, un ami pour quelques propos inconsidérés, irréfléchis, et souvent tenus sans aucune intention mauvaise ?

Cependant cette manie subsiste ; elle subsiste depuis des siècles, et bien qu'elle se soit amortie pendant la guerre, elle semble depuis la paix reprendre une force nouvelle ; elle tourmente les militaires et même les citoyens (1). Depuis quelques années, elle a plongé

---

(1) La dame B . . . ., à Saint-Rambert, département de la Loire, a reçu un cartel d'une autre dame, pour se battre en duel.

1

dans le deuil un grand nombre de familles, et chaque jour, elle moissonne quelques braves, chaque jour elle enlève au Roi des sujets dévoués, chaque jour elle ravit à la patrie ses plus dignes soutiens.

Il est donc temps d'apporter un remède à un mal si grave ; il est temps de fixer l'attention du Gouvernement, des législateurs et des jurisconsultes sur ce point ; de toutes parts le sang coule, il faut se hâter ; plus tard, ce mal sera peut-être sans remède.

Mon dessein est de combattre ce préjugé avec les armes de la raison, de démontrer qu'il est contraire au vœu de la nature, à l'ordre social, à l'intérêt public, à la morale et à la religion ; de rechercher les moyens les plus propres à le détruire, ou à le neutraliser. Puisse le succès couronner mes efforts ! puisse le sang français ne plus être versé par les mains d'un Français ! puissent nos soldats, qui se sont illustrés tant de fois sur le champ d'honneur, ajouter encore à leur vaillance en bravant une misérable injure, en méprisant un *faux point d'honneur*, en jurant de ne plus sacrifier leur vie que pour le bonheur et la gloire de la France !

Afin d'arriver plus sûrement à mon but, il m'a paru convenable d'examiner la matière sous toutes ses faces, de porter mes regards sur le passé, et de parcourir les diverses phases de notre législation. Ainsi éclairé par le flambeau de l'expérience, je marcherai moins incertain dans la route que je veux tracer. Je traiterai donc la matière dans l'ordre suivant :

§ Ier.

Définition du Duel.

Le duel est une convention par laquelle deux individus consentent à se rendre, avec des armes et des témoins, dans un lieu désigné, l'un pour obtenir, l'autre pour donner satisfaction d'une offense ou d'une injure.

Le duel est contraire au *droit naturel*, puisque tous les animaux sont organisés de manière à conserver leur vie, et que l'instinct les porte tous à veiller à leur sûreté personnelle.

Il est contraire à *l'ordre social*, puisque dans tout état civilisé, chacun se doit à la défense commune; que la vie de chacun appartient au prince et à la patrie, que nul ne peut disposer de sa personne ni même s'exposer aux dangers d'un combat à mort, sans nécessité, et sans avantage pour son pays.

Il est contraire à la *religion*, et surtout à la religion chrétienne, puisque elle défend à l'homme d'offenser, de blesser, de tuer son semblable ; qu'elle lui ordonne au contraire, de pardonner les injures.

Il est contraire à la *raison*, puisque l'offensé, sous le prétexte d'obtenir la juste réparation d'une injure, est souvent blessé, battu ou tué, que souvent son adversaire est victorieux, que pour toute satisfaction, il ajoute un meurtre à un outrage, et un crime à un délit.

Il est même contraire aux lois de l'*honneur*, car si l'honneur prescrit à celui qui est outragé de demander à l'auteur de cet outrage une juste satisfaction, il lui défend aussi pour atteindre ce but, d'employer une voie illicite, une voie que condamne tout à la fois le droit naturel, la loi civile, la morale et la religion.

Dans tous les pays civilisés, des tribunaux sont établis par le souverain pour rendre à chacun la justice qui lui est due, pour faire respecter les personnes et les propriétés, pour venger les offenses et les outrages faits à un citoyen. C'est à eux que chacun doit s'adresser pour obtenir une juste réparation, quel que soit le genre ou la nature de l'insulte reçue.

Cependant il faut en convenir, les anciens n'ont pas toujours suivi cette marche, souvent ils ont préféré se charger eux-mêmes du soin de la réparation et de la vengeance, en attaquant l'adversaire les armes à la main, et en l'appelant à un combat singulier.

§. II.

Du Duel chez les anciens.

Le duel (*monomachia*) (1) était déjà connu chez les anciens; l'histoire nous fournit même plusieurs preuves qu'il était souvent mis en usage entre les généraux en chef de deux armées ennemies.

C'est ainsi que les *Marcellus*, les *Torquatus*, les *Corvinus*, tuèrent en duel leurs provocateurs et acquirent par là beaucoup de gloire pour eux et pour leurs concitoyens.

Publius-Scipion, surnommé l'*Africain*, a été loué par plusieurs pour avoir tué en Espagne un ennemi qui l'avait provoqué à un combat singulier (2).

ALEXANDRE-LE-GRAND lui-même accepta un duel d'un certain Perse nommé *Spithrobates*, lui traversa la poitrine d'une lance et le tua (3); il accepta ensuite un duel avec *Porus*, roi des Indiens.

Pyrrhus se battit de même avec *Panthacus*.

Ainsi, les rois comme les soldats étaient persuadés que c'était le comble de la honte ou de la turpitude,

---

(1) Les anciens considéraient la guerre comme un duel entre deux peuples, et ils désignaient par le mot *perduelles* ceux que nous appelons *ennemis*. — Voy. la loi 234, D., *de verborum signif.*

(2) *Eutropius, lib. IV, de gestis Romanorum.*

(3) Diodore de Sicile, *de gestis Alexand.*

que d'être provoqué en duel par un ennemi, et de refuser de se battre avec lui.

Par ce motif, l'histoire a voué à l'infamie un Napolitain, appelé *Ferdinand Davalo, marquis de Piscaria*. Ce militaire, lors de la capitulation de Come, en Italie, avait manqué à la parole qu'il avait donnée à un officier Français (Jean *Cabaneus*) connu de toute l'armée par sa bravoure et son intrépidité. *Davalo* fut provoqué en duel pour ce manque de parole ; mais il n'osa ni se battre, ni même répondre au cartel. *Galeat, cap. lib.* 2.

On a reproché la même lâcheté à PIERRE, roi d'Arragon, qui refusa de se battre avec *Charles* duc d'Anjou, frère de Louis VIII, roi de France.

On pourrait citer une foule d'autres traits pour justifier cette vérité (1). Ainsi les combats singuliers n'étaient jamais refusés chez les anciens, entre des chefs ou des soldats de deux puissances belligérantes. Et si l'on fait abstraction de l'intérêt sacré de la patrie qui exaltait chacun des combattants, le combat des *Horaces* et des *Curiaces* ne fût qu'un véritable duel.

Quoique les combats singuliers entre deux militaires ennemis fussent assez fréquents, il est certain que l'histoire ancienne offre peu d'exemples d'un duel entre deux guerriers de la même nation ou de la même armée. Il y a donc lieu de présumer que ces combats singuliers étaient très-rares et qu'ils n'étaient pas tolérés

---

(1) Voy. le Traité *De jure militari, cap. XXIV*.

parmi les Grecs et les Romains, ni parmi les autres peuples de l'antiquité.

§ III.

Du combat judiciaire en France, et de son abolition.

Dans tous les cas où la notoriété du fait ne dissipait pas les doutes du juge, le premier moyen qu'on employa pour découvrir la vérité, fut *le serment* de l'accusé ou du défendeur (1).

Il est vrai qu'un faux serment pouvait aisément sauver le coupable; mais, pour lui inspirer un scrupule religieux, on ordonna que cette preuve serait administrée avec la plus grande solennité (2). Bientôt les accusés se familiarisèrent avec ces cérémonies; et, pour y remédier, on exigea qu'ils se fissent assister d'un certain nombre d'hommes libres, voisins ou parents (3). Ceux-ci juraient eux-mêmes,

---

(1) *Et si negare voluerit , secundum qualitatem pecuniæ juret.* Leg. Bajuv. , tit. 8, art. 2.

Et si amplius quam solidum...... usque ad quinque solidos furaverit, cum sacramentalibus sex juret , ib. , art. 5. *Si quis hominem occiderit et negare voluerit , cum duodecim nominatis juret.* Leg. Alaman. , tit. 99.

(2) Voy. Ducange, au mot *Juramentum.*

(3) *Si ingenuus per suspicionem vocatur in culpam...... sacramentum præbeat; et cum uxore, et filiis, et propinquis sibi duodecim juret. Si verò uxorem et filios non ha-*

qu'ils croyaient tout ce que l'accusé avait affirmé.
Ces espèces de témoins étaient appelés *compurga-*
teurs : leur nombre variait suivant l'importance de
l'objet en litige, ou la nature du crime. Dans
certains cas il ne fallait pas moins que le concours
de trois cents de ces témoins auxiliaires pour faire
absoudre l'accusé (1). Triste et faible ressource ! Hé-
las ! on se faisait un *point d'honneur* de ne pas abandonner une personne à laquelle on était attaché par
les liens du sang, ou dont on avait embrassé la cause ;
et ce *point d'honneur* produisait presque toujours autant de parjures qu'on appelait de *compurgateurs* ; il
fallut donc chercher d'autres genres de preuves (2).

On substitua les épreuves et le duel au serment.
Pour prouver son innocence, tantôt l'accusé plongeait
son bras dans l'eau bouillante jusqu'à une certaine pro-
fondeur ; tantôt il portait, à main nue, un fer rouge
pendant un certain temps, ou dans un espace déterminé ; quelquefois on le jetait à l'eau, pieds et mains
liés. Et suivant l'impression du feu ou de l'eau, sui-

---

buerit, *cum patre aut matre numerum impleat designatum.*
Quod si nec patrem, nec matrem habuerit, cum duodecim
proximis compleat sacramentum. (Leg. Burg., tit. 8,
art. 1.

(1) Spelman., *Gloss. voce assath.*
Grégoire de Tours, liv. VIII, chap. 9.

(2) Voy. entre autres, la loi des Bourguignons, tit. 45, et
celle des Lombards, liv. II, tit. 55, art. 34.

vant qu'il nageait ou qu'il allait au fond , il était réputé innocent ou coupable (1).

Ces épreuves barbares étaient consacrées par des cérémonies religieuses. Les ministres de la religion y présidaient ; ils invoquaient l'assistance du ciel, ils priaient Dieu de manifester le crime et de protéger l'innocence (2). Le peuple lui-même était convaincu que Dieu étant juste , il ne pouvait permettre qu'un innocent succombât sous l'épreuve. Aussi les jugements prononcés après ces sortes d'épreuves, étaient appeles *jugements de Dieu* (3).

Mais l'épreuve la plus accréditée, fut le duel ou combat judiciaire (4) : il fut autorisé dans toute l'Europe, et adopté dans tous les pays avec un égal empressement. Les ecclésiastiques, les vieillards, les in-

---

(1) Louis-le-Débonnaire défendit l'épreuve de *l'eau froide*, par un capitulaire daté du mois de mars l'an 812. Ce capitulaire porte : « *Ut examen aquæ frigidæ quod hactenùs faciebant, à missis omnibus interdicatur nè uteriùs fiat.* » Voy. pag. 1190 de la collection de Lindembrok.

(2) Voy. parmi les formules recueillies par Lindembrock, les exorcismes et les prières qui se faisaient sur le fer et sur le feu avant l'épreuve, pag. 1309 et suiv.

(3) Voy. Muratori, *Dissert. de judiciis Dei*, tom. III, pag. 612.

(4) Le duel fut formellement consacré par nombre de lois anciennes. On peut voir, par exemple, celle des Lombards, liv. 1, tit. 5, art. 1 ; et liv. II , tit. 55, art. 34 et suiv.—Celle des Bourguignons, tit. 45.—Celle des Bavarrois, titre 16 , etc. Il serait trop long de rapporter les textes.

firmes, les femmes, les enfants ne se battaient pas, mais ils produisaient des champions qui combattaient à leur place ; et pour que ces champions eussent le plus grand intérêt à défendre leurs parties avec courage, ils avaient le poing coupé, s'ils étaient vaincus (1).

On ne soumettait pas seulement les questions de fait à la décision du combat judiciaire, mais encore les questions de droit les plus abstraites. C'est ainsi que *la question de la représentation* fut décidée, dans le dixième siècle, en faveur des neveux contre les oncles.

Jusqu'aux témoins appelés pour déclarer la vérité étaient obligés de soutenir leurs dépositions par la voie des armes (2). Le juge même pouvait être provoqué au combat, et forcé de défendre son intégrité en champ clos (3).

Cette forme de procéder était si agréable au peuple,

---

(1) *Et campioni qui victus fuerit, propter perjurium quod ante pugnam commisit, dextera manus amputetur.* (Capitulaires ajoutés à la loi salique, par Louis-le-Débonnaire, art. 1.)
Voy. aussi Beaumanoir, chap. LXI, pag. 315.

(2) *Ita est unus de eisdem testibus, qui ad danda convenerunt sacramenta, Deo judicante, confligat ; quoniam justum est ut si quis veritatem rei incunctanter scire se dixerit, et obtulerit sacramentum, pugnare non dubitet Lege Burg.*, tit. 45.)

(3) Voy. Robertson, t. I, pag. 110 ; Mably, t. II, p. 44, 251, et suiv. ; et Montesquieu, chap XXVII.

alors grossier et barbare, que le clergé fut obligé, non-seulement d'en tolérer l'usage, mais même de l'autoriser (1); bien plus, il fallut qu'il s'y soumît. On décidait, par le combat, des questions sur la possession des églises, des monastères (2); et dès 775 on jugea, par le duel, une contestation qui s'était élevée entre l'évêque de Paris et l'abbé de Saint-Denis sur la possession d'une petite abbaye.

« Chaque partie, dit Robertson, *tom. II, pag.* 207, d'après Mabillon, produisit ses actes et ses titres pour établir son droit; mais, au lieu de vérifier l'authenticité et d'examiner la teneur de ces actes, on renvoya la décision du procès *au jugement de la croix.* Chacune des parties chargea un représentant qui, pendant la célébration de la messe, se tint devant la croix de l'autel, les bras étendus. Celui des deux représentants qui se lassa le premier et quitta son attitude, fit perdre son client. Le champion de l'évêque eut moins de force ou de constance que son adversaire, et l'abbé de Saint-Denis gagna son procès. »

Mais S¹ Louis, plus éclairé que ses prédécesseurs, proscrivit de ses domaines l'absurde procédure des duels judiciaires; il défendit de se battre contre la partie, contre les témoins et contre les juges, et ordonna de prouver son droit ou son innocence par témoins, par

---

(1) Pasquier, *Recherches sur la France*, liv.   ch. 1, p. 350.

(2) Robertson, d'après Bouquet, t. II, p. 223

titres, et par tous les moyens honnêtes et admissibles qu'un plaideur ou un accusé peut avoir (1).

Mais comme ce monarque n'abolit le combat judiciaire que dans les tribunaux de ses domaines, et qu'il le laissa subsister dans les cours de ses barons, qui étaient jaloux de leurs prérogatives et de leurs droits, et vis-à-vis desquels il avait des ménagements

---

(1) « Nous comandons que se aucun vuelt appeller aucun « de multre, que il soit ois; et quand il voldra faire sa cla- « meur, que l'on li die; si tu veuls de multre, tu seras ois; « mais il convient que tu te lies à tele peine sofrir comme ton « adversaire soffrerait se il était atains : et sois certain que tu « n'auras point de *bataille* ains te conviendra pruever par « témoins, comme il te plest à pruever, tant quand tu cog- « naitrais que aidier te doit et se vaille un qui te doict valoir; « quar nous l'ostous nulle prueve qui ait été rechue en cort « laïe sique à ore, *fors la bataille.* Et sache bien que ton « adversaire porra dire contre les temoins....... Et quand il « vendra au point dont la bataille solait venir, cil qui prue- « vas par la bataille, se bataille fust, pruevera par temoins « ou par charte ou autres prueves bons et loyaulx..... Et ce « que il preuvait par bataille, il provera par temoins, etc. »

Cette ordonnance de saint Louis est sans date; mais quelques savants croient qu'elle est de 1260. Voy., par exemple, l'*Esprit des Lois*, liv. XXVIII, chap. 29, et les ordon. du Louvre . t. I p. 87.

Voy. aussi, sur l'abolition du combat judiciaire, les Établissements de saint Louis, liv. I, chap. 2 et 7; et liv. II, chap 10 et 11.

Les Constitutions de Naples, datées du moisd'août 1221, proscrivent également le duel,et fixent le nombre convenable de témoins, suivant les circonstances et les personnes. Leur prohibition s'étend aussi aux épreuves. (Voy. les tit. 31, 32, et 33.)

à garder, l'usage de ce combat subsista encore long-temps après saint Louis.

Beaumanoir, qui écrivait la Coutume de Beauvoisis, en 1283, sous Philippe - le - Hardi, nous apprend, chap LXI et LXII, pag. 313 et suiv., qu'il y avait encore des terres où l'usage du duel judiciaire subsistait, et qu'un plaideur était obligé de se battre contre tous les juges du tribunal, si, au lieu d'appeler ou de défier le premier ou le second d'entre eux qui disait son avis (1), il attendait, pour *fausser le jugement* (2), que la sentence fût prononcée. Notre histoire nous fournit, en 1547, le fameux combat judiciaire *de Jarnac* avec *la Chasteigneraie*. Robertson, tome II, pag. 224 et 225, observe que ce combat est le dernier que nous offre l'histoire de France, comme autorisé par la justice.

Cependant, sous le règne de Charles VI, *Jacques Legris* fut condamné à se battre en duel contre *Jean de Carouge*, attendu que celui-ci l'avait accusé d'avoir violé sa femme.

Telle est l'analyse des épreuves *par serment*, par

---

(1) Cet avis se donnait tout haut, afin que le plaideur pût provoquer le premier opinant dont l'avis le blessait. (Voyez Beaumanoir, *loc. cit.*)

(2) *Fausser le jugement*, ou appeller de *fauxjugement*, signifie ici appeler les juges au combat, comme coupables de prévarication, et comme faux, méchants et calomniateurs. On ne doit pas confondre cet appel de faux jugement avec nos appels d'aujourd'hui ; c'était une espèce de *prise à partie*.

l'huile bouillante, par *le fer chaud* et par le combat judiciaire ou duel. Ceux qui veulent approfondir cette matière, peuvent consulter *Desfontaines*, qui vivait du temps de saint Louis, et qui a écrit la Coutume de Vermandois ; et surtout *Beaumanoir* qui a commenté, en 1283, la Coutume du comté de Clermont ou du Beauvoisis. Si l'on veut s'épargner la peine de rassembler ces passages épars, on peut lire Montesquieu, Esprit des lois, tome III, livre 28, chap. 17 et suivans.

§ IV.

Des peines portées par nos Rois contre le duel.

Cependant le duel, banni des tribunaux, se refugia dans les camps et parmi les militaires.

Après les guerres civiles qui désolèrent la France vers la fin du seizième siècle, les duels devinrent si communs que le Parlement de Paris, usant de ses prérogatives, rendit le 26 juin 1599 un arrêt en forme de règlement dont on ne peut trop admirer la sagesse : il est ainsi conçu :

« La Cour procédant au jugement du procès criminel fait à Hector Durandi et Barthelemy Jully, mémorative de plusieurs procès criminels jugés en icelle, pour raison des meurtres et homicides commis et perpetrez *en duel*, tant en cette ville de Paris, qu'autres lieux et endroits de ce ressort, pour obvier à la fréquence desdits meurtres et hom-

micides qui se commettent ordinairement par ceux
qui prétendent être outragés et tellement intéressés en
l'honneur, de paroles, ou de fait, qu'ils s'estimeraient in-
dignes de toutes charges publiques et honorables , des-
quelles ils se sont rendus capables, s'ils n'avaient tenté
les moyens de venger leurs querelles par combats *en
duel*, contrevenans aux commandemens de Dieu ,
n'étant loisible par les lois divines ni humaines , rechercher ni poursuivre aucune vengeance que par les
voies ordinaires de la justice ;

« Ouï sur ce, le procureur général du Roi , ladite
Cour a fait et fait inhibitions et défenses à tous sujets
du Roi ; de quelque qualité et condition qu'ils soient,
prendre de leur autorité privée *par duels* la réparation des injures et outrages qu'ils prétendent avoir
reçus ; ains leur enjoint se pourvoir par devant les
juges ordinaires, sur peine *de crime de lèse-Majesté ,
confiscation de corps et de biens*, tant contre les
vivants que les morts : ensemble contre tous gentilshommes et autres qui auront appelé et favorisé lesdits
combats , assisté aux assemblées faites à l'occasion
desdites querelles, comme transgresseurs des commandemens de Dieu, rebelles au Roi, infracteurs des
ordonnances , violateurs de la justice , perturbateurs
du repos et tranquillité publics.

Cette mesure énergique du Parlement fut approuvée
par tous les hommes de bien ; et elle ne tarda pas
à recevoir la sanction du chef du Gouvernement.
Henri IV , de glorieuse mémoire , voyant que ses plus

braves officiers périssaient victimes *du duel*, porta le fameux édit du 7 juin 1602, qui contient les peines les plus sévères tant contre les duellistes que contre les témoins.

Nous croyons devoir transcrire le préambule de cet édit, attendu qu'il porte l'empreinte de la candeur, de la piété, de la sagesse de ce grand monarque.»

Édit du Roi, du 7 juin 1602.

« Henri, par la grâce de Dieu, Roi de France et de Navarre, à tous présens et à venir : salut.

« Ayant la corruption de ce siècle introduit une opinion et coutume condamnable parmi plusieurs de notre noblesse, et autres nos sujets qui font profession de porter les armes, lesquels croyant avoir été offensés de fait ou de parole, estiment être obligés d'honneur de faire appeler au combat celui duquel ils prétendent avoir reçu l'offense ; s'en seraient ensuivis de si grands et pitoyables accidens, par la perte d'un grand nombre de gentils-hommes de valeur, à notre extrême regret et déplaisir, et au dommage irréparable de notre état, que nous nous estimerions indigne d'en porter le sceptre, si nous différions davantage de réprimer l'énormité de ce crime par la sévérité de nos lois ; et d'autant plus que nous sçavons combien cette effusion de sang humain est détestable devant Dieu, lequel nous ordonne, par exprès, de lui laisser la vengeance, et que ne soyons homicides.

« Néanmoins il semble que ce divin commandement

soit venu à tel mépris, que le gentilhomme qui s'estime être intéressé en l'honnenr, confesse par telles actions de ne pouvoir être gentilhomme, s'il est chrétien obéissant à ce qui est ordonné de Dieu.

« Outre cela notre autorité royale est grandement offensée par tels actes, se présumant un particulier, sans notre permission, de donner camp pour le combat dans notre royaume, et de faire la justice lui-même, sous prétexte de conserver l'honneur ; lequel néanmoins l'oblige devant toutes choses de porter respect à son prince souverain, et obéissance aux lois de sa patrie. Pour ces causes et considérations ne voulant rien omettre de ce qui se doit et peut servir au bien, honneur et conservation de notre noblesse, que nous tenons pour le principal nerf de notre état, et pour conserver notre autorité souveraine et dé-charger notre conscience de l'énormité de tels actes ; ne pouvant aussi supporter plus longuement les justes plaintes de plusieurs pères et autres qui craignent que la témérité de la jeunesse précipite leurs enfants à ces mauvais conseils et combats recherchés d'aucuns par ambition, au péril de leurs âmes et honneurs, et ac-ceptés par d'autres qui estiment ne pouvoir éviter le combat, pour crainte d'être tenus moins courageux que leurs ennemis, etc., statuons et ordonnons.....

Cet édit déclare ceux qui provoquent en duel *coupables de crime de lèse-majesté ;* ordonne à la partie offensée d'adresser sa plainte au gouverneur de la province pour obtenir sa réparation, et charge les

2

connétables et maréchaux de France de prononcer ; ordonne même que le procès soit fait à la mémoire de ceux qui ont succombé en se battant en duel ; étend cette peine aux *témoins* ou seconds , et ordonne en outre la confiscation de leurs biens.

Cet édit fut renouvelé par Henri IV , en juin 1609 ; il le fut sous le règne de tous ses successeurs , et plus particulièrement sous celui de Louis XIV. A l'époque de son sacre, Louis XV jura de n'accorder aucune grâce aux condamnés pour fait de duel. Au surplus *voyez* la table qui suit :

TABLE CHRONOLOGIQUE

Des Édits , Déclarations et Arréts contre le Duel.

26 Juin 1599. Arrêt de la Cour du parlement contre les duels.

Avril 1602. Édit du roi pour la défense des duels (donné à Blois).

Juin 1609. Édit du roi sur la prohibition et punition des querelles et duels (donné à Fontainebleau).

1 Juillet 1611. Déclaration du roi portant défense d'user d'appels ni de rencontres , suivant l'édit des duels de 1609 (donnée à Paris).

18 Janv. 1613. Déclaration du roi sur les édits des duels, portant confirmation et augmentation d'iceux (donnée à Paris).

27 Janv. 1614. Arrêt du parlement sur l'exécution de l'édit contre les duels et combats singuliers.

1 Octob. 1614. Déclaration du roi sur les édits de pacifi-
cation des duels, combats et rencontres ;
défenses à tous sujets d'entrer en ligues
et associations, etc. (donnée à Paris).

14 Juill. 1617. Lettres patentes du roi sur l'observation
des édits, ordonnances et déclarations
faites sur la défense des duels, avec am-
pliation.

6 Mars 1621. Arrêt de la Cour de parlement sur l'exécution de l'édit contre les duels et combats.

Août 1623. Édit du roi sur la défense des querelles,
duels, appels et rencontres, portant confirmation et augmentation des peines
contenues aux édits , déclarations et
arrêts faits ci-devant sur le même sujet
(donné à Saint-Germain-en-Laye).

24 Avril 1624. Arrêt de la cour de Parlement contre les
sieurs *de Bouteville, comte de Pongi-*
baut, le baron *de Chautail* et *des Salles,*
pour s'être battus en duels le jour de
Pâques.

29 Avril 1624. Second arrêt donné au sujet desdits sieurs
de Bouteville et *de Chautail.*

26 Juin 1624. De par le roi. Défenses aux seigneurs de
favoriser les duels (donné à Paris).

28 Janv. 1625. Arrêt de la Cour de parlement contre ceux
qui se sont battus en duel.

Fév. 1626. Édit du roi sur le fait des duels et rencontres (donné à Paris).

14 Mai 1627. Déclaration du roi pour le retour des ducs

d'Halluin et sieur *de Liancourt* (à Paris).

29 Mai 1634. Déclaration du roi sur le fait des duels et rencontres.

31 Mars 1635. Arrêt de la Cour de parlement donné contre les duels, confirmé par arrêt du conseil privé du roi (avec plaidoyer de M. Bignon, avocat général).

3 Mars 1638. Arrêt de la Cour de parlement portant que les édits des duels, des 29 août 1623 et 24 mars 1626, et la déclaration du 28 avril 1636 sur le fait des duels, seront exécutés.

4 Mars 1639. Arrêt de la cour de parlement contre ceux qui contreviennent aux édits du roi touchant les duels et rencontres.

1 Déc. 1640. Lettre du roi, envoyée à MM. du parlement, sur la défense des duels et rencontres.

7 Déc. 1640. Arrêt du parlement en exécution des édits des duels et rencontres.

Juin 1643. Édit du roi sur la punition et prohibition des duels (donné à Paris).

11 Mai 1644. Déclaration du roi portant *itératives défenses* à toutes personnes de se provoquer, battre en duel, rencontres ou autrement, ni contrevenir aux édits et déclarations de Sa Majesté sur les peines portées aux ordonnances (donnée à Paris).

13 Mars 1646. Déclaration du roi sur la défense des querelles, duels, appels et rencontres, por-

tant confirmation et augmentation des peines contenues auxdits édits, déclarations et arrêts ci - devant faits sur le même sujet (donnée à Paris).

Sept. 1651. Édit du roi contre les duels et rencontres (donné à Paris).

Mai 1653. Déclaration du roi contre les duels (donnée à Paris).

30 Juill. 1657. Arrêt de la Cour de parlement, portant réitération de défenses contre les duels.

Août 1658. Déclaration du roi, en explication de celle du mois de mai 1653, pour la succession de ceux qui auront été tués en duel.

~~~~~~~~

1 Juill. 1651. Jugement de MM. les maréchaux de France sur la déclaration faite par plusieurs gentilshommes de refuser toutes sortes d'appels.

28 Août 1651. Résolution de MM. les prélats sur cette matière.

10 Août 1651. Avis des docteurs en théologie de la Faculté de Paris sur le même sujet.

22 Août 1653 . Règlement de MM. les maréchaux de France touchant les réparations des offenses entre les gentilshommes, pour l'exécution de l'édit contre les duels.

31 Août 1653. Remontrance du clergé de France, faite au roi, la reine présente, le 31 août 1653, sur un édit nouveau contre les duels.

§. V.

Défense du Duel par l'Église.

Pendant que les rois de France prononçaient les peines les plus graves pour réprimer le duel dans leurs états, de son côté l'église le prohibait dans tout l'empire chrétien ; le pape fulminait des bulles et lançait les foudres de l'excomunication contre les coupables.

La décrétale du pape Nicolas, chap. XXII, *Monomachiam*, question 4, porte :

Monomachiam verò in lege non assumimus quam præceptam fuisse non reperimus : quia licet quosdam iniisse legerimus, sicut sanctum David et Goliam sacra prodit historia, nusquàm tamen, ut pro lege teneatur alicubi divina sanxit autoritas ; cum hoc et hujus modi sectantes, deum solum modò tentare videantur.

Traduction du Concile de Trente, sess. 25, chap. 10.

« L'usage détestable des duels qui a été introduit par l'artifice du démon, pour perdre les âmes après avoir donné cruellement la mort au corps doit être entièrement aboli parmi les chrétiens.

Et après il dit : « Nous *excommunions* dès à présent, et sans autre forme de procès, tous *empereurs, Rois, ducs, princes, marquis, comtes,* et autres *seigneurs* temporels à quelque titre que ce soit, qui auront assigné et accordé quelque lieu pour le duel entre les chrétiens.....

Ensuite il ajoute : « Pour ceux qui se seront battus et les autres vulgairement nommés leurs *parains,* nous voulons qu'ils encourent la *peine de l'excommunication* et de la proscription de tous leurs biens, qu'ils passent désormais pour gens infâmes, et soient traités avec la même sévérité que les sacrés canons traitent les *homicides :* et s'il arrive qu'ils soient tués dans le combat, ils seront pour jamais *privés de la sépulture* en terre sainte.

« Nous ordonnons en outre que, non-seulement ceux qui auront approuvé ou *donné conseil de se battre,* ou qui y auront induit ou porté quelqu'un en quelque manière que ce soit, mais encore ceux qui y auront assisté en qualité de spectateurs, soient excommuniés, frappés d'anathème perpétuel, sans avoir égard à aucun privilége ou mauvaise coutume introduite, quoique de temps immémorial. »

Objectera-t-on que d'après les libertés de l'église gallicane les bulles d'excommunication ne peuvent être obligatoires en France qu'avec la permission du Roi.

Nous répondons que la faculté de théologie, que les premiers prélats du royaume, que l'église gallicane en un mot a consacré les mêmes dogmes et prononcé les mêmes peines.

La faculté de théologie de Paris, chargée par le roi de donner son avis, prononça dans les termes suivants.

Avis des Docteurs en théologie.

« Les docteurs soussignés sont d'avis :

« Que tous ceux qui recourent aux sacrements de la pénitence et ne sont à l'égard des duels en la disposition exprimée en la déclaration et protestation publiques, qu'ont faites plusieurs gentilshommes de ne se battre jamais en duel pour quelque cause que ce puisse être, sont *incapables du bénéfice de l'absolution* et *de tous les sacrements de l'église ;*

« Et que pour ceux qui, s'étant battus en duel, meurent sur le lieu, quoique l'église, par une indulgence très-charitable, permette de les absoudre de l'excommunication et péchés qu'ils ont encourus, quand ils sont sincèrement et véritablement repentants, néanmoins elle les *prive de la sépulture ecclésiastique,* et elle les déclare *infâmes* et *excommuniés ;*

« Elle donne son éternelle malédiction à tous ceux qui concourent avec eux ou qui donnent conseils d'en recevoir les appels et à ceux même qui sont spectateurs des combats.

« *Délibéré à Paris le 10ᵉ jour d'août 1651.* »

Les archevêques et évêques du royaume prirent à l'unanimité une semblable résolution,

Résolution des Prélats du royaume.

« Nous, désirant satisfaire à l'obligation que le Saint-Esprit nous a imposée de régir l'église de Dieu, de pourvoir charitablement aux nécessités du prochain et de procurer le salut des âmes autant qu'il nous sera possible ;

Après avoir vu la déclaration faite par plusieurs gentilshommes de refuser toutes sortes d'appels, et de ne se jamais battre en duel pour quelque cause que ce puisse être ; et ensuite le jugement rendu par Messieurs les maréchaux de France sur ladite déclaration, avons jugé à propos d'approuver la généreuse et chrétienne conduite des uns et des autres, touchant ladite déclaration et ledit jugement, et de fulminer en même temps de nouveaux anathèmes contre l'insolence et la barbarie des duels. La nature en a de l'horreur, la raison les condamne, les lois civiles et celles de l'église détestent ces noires fureurs, et le ciel est armé de ses plus rigoureuses vengeances pour punir des crimes si monstrueux.

« Ce sont ces cruels excès qui causent en même temps le déshonneur des lois, l'opprobre de la nature humaine, l'injure de la religion, la honte du christianisme, l'affaiblissement de l'État, le scandale des peuples, la colère du ciel, et la perte des âmes.

« N'est-ce pas éteindre les sentiments de l'humanité et se dépouiller des lumières de la raison, de vouloir détruire son semblable et s'exposer soi-même au danger de se perdre, pour venger une passion farouche qui semble imiter la fureur des tigres, ou pour établir un point d'honneur imaginaire, qui fait une discipline sanguinaire et cruelle de l'homicide, qui donne des règles au meurtre et déguise l'assassinat en méthode et mesure pour séduire bien souvent les plus lâches esprits et les plus faibles courages.

« Le décret du pape Etienne défend la mauvaise coutume de prouver son innocence par l'eau bouillante et par le fer chaud ; et Saint-Thomas juge fort à propos que c'est en même temps condamner les duels. En effet quelle apparence de commettre au sort des armes, sa réputation, sa vie, son éternité, puisque même bien souvent il arrive par un juste jugement de Dieu que le plus adroit et le moins timide, tombe sous le bras du plus faible ?

« Que les princes donc, et les magistrats arment leur autorité d'une nouvelle vigueur, pour noircir d'infamie ces gladiateurs ; qui, au mépris du christianisme semblent vouloir faire revivre le paganisme et l'idolâtrie. Vous diriez que nous respirons encore l'haleine contagieuse de ces siècles malheureux dans lesquels on sacrifiait aux idoles le sang et la vie des humains. O princes, ô juges, ô grands de la terre, qui êtes les arbitres de la fortune des hommes ; si par les lois civiles vous devez procurer que les pauvres soient secourus des aliments qui leur sont nécessaires, quel compte aurez-vous à rendre devant Dieu si vous ne travaillez, comme vous le pouvez, à tarir les sources de sang, qui, au langage de l'Écriture, sont celles de tous les crimes ?

« L'usage du sang était expressément défendu chez les Hébreux pour deux raisons principales : la première, pour abolir l'idôlatrie, et la seconde, pour con-

amner la cruauté. Dieu seul doit être le maître de
la vie des hommes, et le sang des animaux devait
être réservé dans les sacrifices pour reconnaître le
souverain domaine de Dieu et racheter la vie des
hommes pécheurs par l'effusion du sang des victimes.
Mais sous les lois de l'évangile, le prophète Isaïe nous
prédit que les combats, les guerres et les carnages doivent cesser sous la paix de l'église et sous l'empire du
Messie, qui est le vrai Salomon pacifique, ce sang ne
devoit être versé que pour la gloire de Dieu et le sou-
tien du trône, pour accroître les couronnes de la
religion et celle de l'état, pour les avantages de la foi
et pour les intérêts de notre légitime monarque. Ce
sang que l'insolence des duellistes et le silence des
juges répandent indignement, demande une autre
vengeance qui doit donner de la terreur à ceux qui ont
quelque sentiment de la crainte de Dieu. La voix du
sang qui se répand sur la terre porte sa clameur jus-
que dans le ciel et encore davantage la voix du sang
du Fils de Dieu qui crie bien mieux que celle d'Abel,
comme l'explique Saint Grégoire.

« Si donc le spectacle d'un Dieu mourant fait
impression sur nos cœurs, et si l'image de son cruel
martyre n'est point effacée de nos mémoires, con-
damnons pour jamais les duels, ayant horreur de ces
détestables pratiques qui font sacrifier au démon un
sang précieux, qui doit être ménagé pour le service
d'un Dieu, lequel, par un excès d'amour qui n'a rien
de pareil, a prodigué le sien pour éteindre nos crimes

et nos ingratitudes : et en même temps levons les mains au ciel pour attirer les bénédictions de Dieu sur cette illustre noblesse, qui a renoncé si chrétiennement à ces fausses maximes pour embrasser avec religion parfaite celle de l'évangile.

« Assurez-vous, Messieurs, que cette louable réputation que vous avez acquise, digne de la grandeur de vos courages, ne perdra rien de son lustre par un écrit si généreux, qu'est celui que vous avez signé pour renoncer aux duels. Votre honneur est dans les mains de Dieu, qui en sera un fidèle dépositaire, puisque vous êtes fidèles aux intérêts de la gloire. Nous espérons que notre grand Roi dont les qualités merveilleuses ont fait, dès sa première jeunesse, l'admiration de tous les peuples, va consacrer les premières années de sa majorité, et donner un nouvel éclat à sa couronne par l'estime qu'il fera de vos vertus. Nous sommes assurés que Dieu bénira ses armes et ses conseils, quand il choisira des personnes comme vous pour leur donner des emplois honorables. La capacité des ministres des Rois est toujours assez grande, quand la probité s'y rencontre. La principale pièce des conseils et du cabinet, c'est la fidélité; et ceux-là sont toujours fidèles à leurs princes, qui sont fidèles à Dieu.

« C'est l'approbation que nous sommes obligés de donner à votre conduite; c'est le témoignage public de l'estime et du respect que nous avons pour le jugement rendu par Messieurs les Maréchaux de France; ce sont les vœux et les souhaits que nous voulons continuer d'offrir aux autels, pour obtenir une gloire immortelle à nous ceux qui travaillent pour détourner les fléaux de Dieu, qui nous menacent si nous ne travaillons puissamment pour abolir les crimes et pour empêcher les duels.

Donné à Paris le 28 août 1651.

Signé : J. F. archevêque de Paris, — J. F. P. coadjuteur de Paris, — N. de Savoye, archevêque duc de Rheims, — F. évêque d'Amiens, — S. évêque de Soissons, — L. évêque de Riez, — G. évêque d'Évreux, — A. évêque de Grasse et Vence, — P. évêque de Toulon, — P. évêque d'Avranches, — H. évêque du Puy et comte de Velley, — J. évêque de Lavaur, — C. évêque de Coutance, — Ed. évêque de Bayeux, — C. évêque d'Aire, — J. évêque de Clermont, — H. évêque de Laon, — F. évêque de Glaudèvre, — D. évêque de Meaux, — P. évêque de Périgueux, — J. évêque de Mâcon, — F. évêque de Châlon, — A. ancien évêque de Dol.

Ainsi les rois, les parlements, le pape et les prélats réunissaient leurs efforts pour paralyser la fureur des militaires et les détourner du duel.

Les rois rendaient des édits et des déclarations portant peine capitale et confiscation des biens.

Les parlements faisaient dresser des échafauds : ils envoyaient avec une inflexible sévérité à la potence et au dernier supplice et les combattants et leurs seconds.

L'église lançait sur eux les foudres de l'excommu
nication : elle flétrissait leur mémoire en les privant
de l'honneur de la sépulture (1).

Ainsi la puissance temporelle et la puissance spiri
tuelle, la religion , et le trône. et le ciel , et la terre
tout se réunissait pour punir les coupables et pour
extirper le préjugé barbare du duel.

Mais nous l'avons dit, ces peines, par cela même
qu'elles étaient extrêmes, ne produisirent pas tout
l'effet qu'on espérait; la fureur pour les duels ne se
calma point, et ce qu'on ne put obtenir du glaive de
la justice et des foudres du Vatican, on l'attendit du
temps et de la raison.

Tel était l'état des choses à l'époque de la révolution.

§ VI.

Tolérance du Duel depuis la révolution.

A la révolution tous les esprits furent, par une
pente irrésistible, entraînés vers la guerre. Attaquée
au dehors par une coalition formidable, la France

---

(1) L'assemblée extraordinaire du clergé, tenue en 1700 ,
condamne les deux propositions suivantes :

1°. *Vir equestris ad duellum provocatus potest illud ac-
ceptare, ne timidatis notam apud alios incurrat.*
2°. *Potest etiam duellum offerre, si non aliter honori
consulere possit.*

(Voyez les *Mémoires du Clergé*, t. I, pag. 724.)

entière prit les armes. La guerre civile vint ensuite déchirer le sein de la patrie. Depuis, Bonaparte, soit comme chef de l'armé d'Italie, soit comme chef du Gouvernement, occupa tellement les militaires à des batailles générales, qu'ils n'eurent pas le temps de songer à des combats particuliers.

Aussi le Code pénal du 25 septembre 1791 étant resté muet sur le duel, les jurisconsultes pensèrent que tous les édits et déclarations ci-dessus se trouvaient abrogés.

Depuis, un decrêt de l'assemblée législative, du 17 septembre 1792, ordonna la mise en liberté de tous les détenus pour fait de duel.

« L'Assemblée nationale, considérant que depuis les premiers moments de la révolution, l'opposition momentanée des opinions a déterminé les citoyens à des provocations qu'ils n'eussent point faites, s'il eussent eu le temps de réfléchir et de ne consulter que leurs sentiments réels; qu'il en est résulté des instructions criminelles qui ont enlevé à la société des hommes qui pourraient lui être utiles et que l'indulgence nationale a le droit d'y rappeler, décrète ce qui suit :

« *Art.* 1er. Tous procès et jugements contre des citoyens depuis le 14 juillet 1789, sous prétexte de provocation au duel, sont éteints et abolis.

« *Art.* 2. Le pouvoir exécutif provisoire donnera les ordres nécessaires pour que les citoyens détenus en conséquence desdits procès - verbaux et jugements soient mis sans délai en liberté. »

Vint ensuite le décret du 29 messidor an II.

« La convention nationale, après avoir entendu le rapport de son comité de législation, sur le jugement de référé du tribunal criminel du département de Seine-et-Oise, présentant la question, si les dispositions de l'article 11 de la 4e section du Code pénal militaire doivent s'appliquer à la provocation au duel par le militaire inférieur envers son supérieur, hors le cas du service;

Considérant que l'application de la loi doit être restreinte au cas qu'elle a prévu et que l'article cité ne contient ni sens ni exception qui s'applique à la provocation au duel, décrète *qu'il n'y a pas lieu à délibérer*, renvoie à sa commission, du recensement et de la rédaction complète des lois, pour examiner et proposer les moyens d'empêcher les duels et la peine à infliger à ceux qui s'en rendraient coupables ou qui les provoqueraient.

La commission à laquelle ce décret renvoyait l'examen de la question de savoir si et comment le duel devrait être puni à l'avenir, n'a fait sur cette question aucun rapport, et les choses sont, à cet égard, demeurées dans le même état où elles étaient à l'époque de ce décret.

Par ces divers motifs tous les jurisconsultes ont pensé que le duel n'était plus crime aux yeux de la loi. Aussi jamais aucun tribunal, aucun juge n'a pensé

que le *duel* fut implicitement compris dans les termes
génériques, *homicide volontaire ;* jamais un militaire
qui en a tué un autre en duel n'a été déclaré coupable
de ce crime; jamais les témoins d'un duel, autrement
qualifiés, *les seconds*, n'ont été poursuivis ou recherchés comme complices. Depuis environ 28 ans, le
duel est considéré comme une action blâmable sans
doute aux yeux de la morale; mais enfin cette action
n'a pas été envisagée comme un crime aux yeux de
la loi.

Plusieurs duels ont eu lieu même dans la capitale,
notamment, en l'an 10, celui du général *Regnier* et du
général *Destaing.* Ce dernier a succombé et son adversaire n'a pas même été poursuivi. Nous pourrions
citer une foule d'autres exemples.

§ VII.

Code pénal de 1810 — Erreur de M. Monseignat.

Il est certain que le Code pénal de 1810 garde un
silence absolu sur le *duel ;* on ne trouve pas même
cette expression dans le texte de la loi, ni dans les dis-
cours des orateurs du Gouvernement; et rien ne prouve
que le conseil d'état s'en soit occupé dans ses discus-
sions préliminaires.

De là tous les tribunaux, tous les jurisconsultes
ont induit que le duel était toléré sous ce Code comme
auparavant; et, jusqu'en 1816, il n'y a pas d'exemples
qu'un militaire ait été traduit devant une Cour d'assises,

ni même arrêté et poursuivi pour avoir tué son adversaire en duel.

C'est à l'occasion du duel de M. le colonel Barbier-Dufay avec M. le comte de St Maurice que l'on a imaginé que ce combat n'ayant pas été permis par le Code, il fallait considérer le meurtre commis en duel comme tout autre meurtre, et appliquer aux duellistes les dispositions générales du Code pénal contre le meurtre, l'homicide et l'assassinat.

Et comme l'on s'est fondé spécialement sur l'opinion que M. Monseignat a prononcé dans le sein du Corps-législatif, dans la séance du 17 février 1810, pour établir ce système, nous croyons devoir transcrire cette opinion :

« Vous vous demandez, peut-être, Messieurs, pourquoi les auteurs du projet de loi n'ont pas désigné particulièrement un attentat aux personnes, trop malheureusement connu sous le nom de *duel* ; c'est qu'il se trouve compris dans les dispositions générales qui vous sont soumises. Nos rois, en créant des juges d'exception pour ce crime, l'avaient presque ennobli ; ils avaient consacré les atteintes au point d'honneur, en voulant les graduer ou les prévenir ; en outrant la sévérité des peines, ils avaient manqué le but qu'ils voulaient atteindre.

« Le projet n'a pas dû particulariser une espèce qui est comprise dans un genre dont il donne les caractères (1).

---

(1) Les deux arrêts de la Cour royale de Paris, du 30 mars 1819, sont basés sur cette idée.

« Si la mort est le résultat de la défense à une irrup-
tion inopinée, à une provocation soudaine et à main
armée, elle peut, suivant les circonstances et la viva-
cité de l'agression, être classée parmi les crimes légi-
times ou excusables.

« Si le duel a suivi immédiatement des menaces,
des jactances, des injures ; si les combattants ont pu
être entraînés par l'emportement de la passion ; s'ils
ont agi dans l'ébullition de la colère, ils seront classés
parmi les meurtriers.

« Mais si les coupables ont médité, projeté, arrêté
à l'avance cet étrange combat ; si la raison a pu se
faire entendre, et s'ils ont méconnu sa voix, et au mépris de l'autorité, cherché, dans une arme homicide,
la punition qu'ils ne devraient attendre que du glaive
de la loi, ils seront des assassins.

« En vain voudrait-on invoquer une convention
entre les duellistes et la réciprocité des chances qu'ils
ont voulu courir dans une action qui le plus souvent
n'offre de la volonté que les apparences. Et comment,
d'ailleurs, chercher un usage légitime de la liberté
dans l'horrible alternative de se faire égorger ou de
donner la mort ! Sans doute, une fausse opinion cerne
et protége les coupables : elle les égare et les excite par
une méprise d'idées sur la bravoure, l'honneur et la vengeance ; et cette fausse opinion parvient peut-être à
leur persuader qu'il est ignoble d'attendre, de la marche grave et lente de la justice, la réparation d'un outrage, et qu'on ne doit porter aux tribunaux que les

contestations qui prennent leur source dans des intérêts pécuniaires.

« La loi ne saurait transiger avec un aussi absurde
préjugé, et cependant l'extirpation de ce préjugé a
depuis long-temps échappé à la puissance du législateur. Espérons que le moment est arrivé de faire dis-
paraître de nos mœurs cette rouille de la barbarie de
nos ancêtres, de sauver nos lois et nos usages d'une
contradiction aussi choquante, et de ne plus placer
les individus entre la honte et l'échafaud.

« L'éloquence a préparé et la raison a mûri depuis
long-temps une réforme qu'il est digne de nos guerriers de consommer ; c'est un triomphe d'un genre
nouveau qui leur est réservé, et ils ne sauraient être
étrangers à aucun.

« Toute nouvelle preuve n'ajouterait rien à l'opinion qu'a donné de son courage, un peuple qui a mar-
qué de sa brillante valeur tous les points où il a porté
ses pas. Un préjugé ne saurait être pour lui plus
difficile à vaincre que l'Europe coalisée.

« C'est aux braves qui ont fixé la victoire à déter-
miner la direction et l'emploi de la bravoure. Ils peuvent se montrer avares d'un sang prodigué dans tant de
combats et qui ne doit couler que pour la patrie.

« Les vainqueurs qui ont illustré tant de champs de
bataille, ne doivent voir que là le champ de l'honneur ;
il leur appartient de proscrire et de flétrir les combats
en champ clos.

« Qui oserait se venger lui-même quand de tels

hommes donneront l'exemple de déposer la vengeance aux pieds de la loi ? Cet hommage des héros ne vous sera pas moins cher, Messieurs, que celui des trophées de leur gloire dont ils ont décoré et dont ils remplissaient naguères cette enceinte. »

On doit savoir gré à M. Monseignat des conseils sages qu'il donne et des louanges qu'il prodigue à nos militaires, mais on peut lui demander dans quelle source il a puisé ses principes sur la répression du duel?

Comment a-t-il pu déclarer que si le législateur avait gardé le silence sur le duel, c'est qu'il avait entendu le comprendre dans la classe des meurtres et des assassinats ? Comment n'a-t-il pas réfléchi que depuis des siècles le duel a été soumis à des règles particulières, que dans tous les temps la peine de mort a été portée en France contre les assassins; que, cependant, au lieu d'étendre ces lois aux duellistes, le plus grand de nos rois, Henri IV, porta des édits spéciaux pour réprimer le duel ? comment n'a-t-il pas pensé que si le Code ne punit que le meurtre et les coups, triste résultat du duel, il sanctionne le duel en lui-même, qu'il permet de se battre en duel pourvu qu'on ne se tue point, tandis que c'est le duel, c'est-à-dire la convention de se battre, qu'il faut défendre, réprimer, et punir?

Ainsi, la doctrine de M. Monseignat sur le duel est plus ingénieuse que solide; elle doit être écartée.

§ VIII.

Jurisprudence de la Cour de cassation.

Sous l'empire du Code pénal de 1791, la Cour suprême a constamment décidé que ce Code étant muet sur le duel, l'on ne pouvait appliquer aucune peine aux duellistes ni aux témoins.

Le Code pénal de 1810 gardant le même silence, cette Cour a consacré le même principe. On s'en convaincra par les exemples suivants.

1° *Duel de MM. Rosay et Romand.*

En 1817, deux officiers en retraite, demeurant à Arbois, département du Jura, se sont battus en duel. M Rosay a tué son adversaire et a été poursuivi comme *homicide.*

Un arrêt de la Cour royale de Besançon, chambre d'accusation, a renvoyé le prévenu devant la Cour d'assises. — Cet arrêt a été attaqué par voie de cassation.

ARRÊT.

La Cour , ouï le rapport de M. *Busschop* , conseiller en la Cour, et les conclusions de M. *Giraud*, avocat-général :

« Vu l'art. 328 du Code pénal, conçu en ces termes....

« Vu aussi les articles 229, 231 et 299 du Code d'instruction criminelle, portant. . . .

« Considérant, que d'après les dispositions de l'article 328 précité du Code pénal, les blessures et les coups ne constituent ni crime ni délit, lorsqu'ils ont été commis par la nécessité actuelle de la légitime défense de soi-même ou d'autrui ;

« Que, d'après l'art. 229 du Code d'instruction criminelle, les chambres de mise en accusation des Cours royales doivent ordonner la mise en liberté du prévenu, toutes les fois qu'elles n'aperçoivent dans l'instruction aucune trace d'un délit prévu par la loi ;

« Qu'il s'ensuit nécessairement que lesdites chambres ont le droit, et que même il est de leur devoir d'apprécier les circonstances qui peuvent caractériser l'état de légitime défense, puisque cet état exclut tout crime et tout délit, et conséquemment toute poursuite :

« Considérant, dans l'espèce, que les faits, déclarés dans l'arrêt dénoncé, ne constituent pas de simples faits d'excuse, dont l'appréciation est attribuée par la loi au jugement du jury, mais qu'ils avaient placé *Claude-François-Marie Rosay* dans l'état de légitime défense, et qu'ainsi ils ôtaient le caractère de crime et de délit à l'homicide par lui commis sur la personne de Philibert Romand ;

« Qu'il y avait donc lieu d'appliquer audit *Rosay* les dispositions dudit article 229 du Code d'instruction criminelle ; qu'ainsi sa mise en accusation et son renvoi devant la Cour d'assises ont été une fausse application de l'article 231 du même Code, une violation, tant dudit article 229, que de l'article 328 du

Code pénal; ce qui établit le premier moyen de nullité déterminé par l'article 299 dudit Code d'instruction criminelle :

« D'après ces motifs, la Cour CASSE. »

Du 27 mars 1818.

2° *Duel de MM. Ferret et Cazelle.*

Le 24 août 1818, M. Cazelle, officier retraité, demeurant à Montpellier, reçut de M. Ferret, lieutenant dans la légion du Var, en garnison dans la même ville, un billet conçu en ces termes :

« Monsieur,

« Ayant appris que vous vous étiez permis de tenir « des propos sur mon compte, *si vous avez de l'hon-* « *neur,* comme vous voulez le faire paraître, vous ne « vous refuserez pas à une explication, à une heure « de l'après-midi, au café de l'Esplanade.

« Dix années de salle ne peuvent vous faire redouter. »

En recevant ce billet, M. Cazelle prend son épée et se trouve le premier, avec un ami, au rendez-vous indiqué. M. Ferret étant arrivé avec un autre officier de sa légion, ils vont sur le terrain pour s'expliquer. Là, M. Ferret demande à M. Cazelle *s'il a tenu ces propos.* — Ce dernier répond : *Qu'il a trop de loyauté pour le démentir.* Alors M. Ferret tire son épée : voulant porter le premier coup, il s'élance sur son adversaire, et, par maladresse, il s'enferre lui-même, et meurt sur-le-champ.

Instruit de cet événement, M. le procureur du Roi rend plainte contre M. Cazelle.

21 *octobre* 1818. — Ordonnance de la chambre du conseil du tribunal de première instance de Montpellier, qui déclare :

« Qu'il y a prévention suffisante contre le sieur Brutus Cazelle, de *meurtre* par lui commis sur la personne du sieur Ferret, officier de la légion du Var, *en repoussant une provocation faite par des violences graves de la part dudit Ferret.* Et d'après les articles 321 et 326 du Code pénal, renvoie ledit Cazelle devant le tribunal de police correctionnelle. »

Opposition par M. le procureur du Roi.

30 *octobre* 1818. — Arrêt de la Cour royale de Montpellier :

« Considérant que des pièces et actes de la procédure, il résulte que ledit Brutus Cazelle fils est prévenu d'avoir commis, le 24 août dernier, un homicide volontaire et prémédité sur la personne d'Auguste Ferret, officier dans la légion du Var, natif de Bédariene, ce qui constitue un crime prévu et qualifié par le Code pénal, lequel peut donner lieu à des peines afflictives et infamantes, suivant les articles 295, 296, 297 et 302 dudit Code ;

« Considérant qu'il résulte des mêmes pièces et actes de ladite procédure, des charges et indices suffisants de culpabilité contre ledit Brutus Cazelle, fils de l'ancien maire de Montagnac, pour motiver sa mise en accusation ;

« Considérant, que d'après les dispositions générales du Code d'instruction criminelle, la connaissance de ce crime appartient aux Cours d'assises ;

« Considérant que l'opposition faite par le procureur du Roi, envers l'ordonnance rendue par la chambre du conseil du tribunal de Montpellier a été justement formée ;

« Considérant que ladite ordonnance, rendue le 21 octobre courant, par la susdite chambre du conseil, doit être annulée, comme ayant mal à propos accueilli les motifs d'excuse présentés par Brutus Cazelle :

« En conséquence, M. Cazelle est envoyé en Cour d'assises. »

Pourvoi en cassation.

ARRÊT.

« La Cour :

« Vu les articles 229, Code d'instruction criminelle, et 328, Code pénal. . . . .

« Considérant que si les faits d'*excuse* ne peuvent être appréciés par les chambres d'accusation, et conséquemment par les chambres du conseil, c'est que par des dispositions formelles de la loi, le jugement en a été réservé à la décision du jury ; que ces faits d'ailleurs ne détruisent pas la *criminalité de l'action*, qu'ils en modifient seulement le caractère, et en atté-

» nuent la peine, et qu'ils ne sont par conséquent pas
» exclusifs de poursuites ;

« Qu'il n'en est pas ainsi de la *nécessité actuelle*
» *de la légitime défense de soi-même, ou d'autrui ;*
» que d'après l'article 328 du Code pénal ci-dessus tran-
» crit, elle dépouille l'homicide, les blessures et les
» coups *de tout caractère de crime et de délit ;* qu'elle
» est donc exclusive de toute poursuite ; que le fait en
» doit donc être examiné et jugé par les chambres d'ac-
» cusation que la loi a investies du droit de juger *s'il*
» *y a ou non lieu à poursuivre,* et à renvoyer, à cet
« effet, à qui de droit ;

« Considérant que la Cour royale de Montpellier,
» saisie, par l'opposition du procureur du Roi, de l'or-
» donnance de la chambre du conseil de cette ville, qui
» avait renvoyé le sieur Cazelle devant la police correc-
» tionnelle, n'est pas entrée dans l'examen des faits indi-
» qués dans cette ordonnance, ne les a point appréciés
» pour juger s'ils avaient placé le prévenu *dans la né-*
» *cessité actuelle d'une légitime défense de soi-même,*
» qu'elle s'est bornée à prononcer sur le fait de l'homi-
» cide qui lui était imputé, sans en juger les circons-
» tances accessoires qui pouvaient lui ôter le caractère
» de crime ou de délit ;

« Et que sur ce fait d'homicide, ainsi considéré par
» elle, abstraction faite des circonstances qui l'avaient
» précédé et accompagné, elle a déclaré *qu'il y avait*
» *lieu à accusation* contre le prévenu, et l'a renvoyé

en conséquence devant la Cour d'assises du département de l'Hérault.

« En quoi cette Cour a méconnu les règles de ses attributions , et par suite violé les art. 229 et 231 du Code d'instruction criminelle ; casse et annule le. .... renvoie le prévenu devant la Cour royale de Toulouse, chambre d'accusation. . . . . . . »

Du 8 janvier 1819.

Devant cette Cour, le prévenu a fourni un mémoire, dans lequel il a démontré que s'il avait tué Ferret, c'était pour n'être pas tué lui-même; qu'en conséquence, le fait d'homicide était dépouillé de toute criminalité ; qu'il y avait lieu d'appliquer l'article 328 du Code pénal.

Mais, *le 12 février 1819 , arrêt de la Cour royale de Toulouse ,* qui prononce en ces termes :

« La Cour, après en avoir délibéré :

« Considérant qu'il est suffisamment établi, que le 24 août 1818 , le sieur Pierre-Auguste Ferret, officier dans la légion du Var, fut atteint d'un coup d'épée qui lui donna la mort ;

« Qu'il existe des indices graves et suffisants que le nommé Mathieu - Brutus Cazelle , prévenu, lui a volontairement porté le coup fatal, et s'est ainsi rendu coupable du crime d'*homicide volontaire ,* prévu par les art. 295 et 304 du Code pénal ;

« Que l'autorité du point d'honneur, et l'empire d'un préjugé funeste, ne peuvent, aux yeux des magistrats , servir d'excuse à un pareil attentat, et qu'un

> duel accepté volontairement ne peut caractériser le
> cas de la légitime défense, prévu par l'art. 328 dudit
> Code pénal,

« Que les arrêts de la Cour de cassation, invoqués par ledit Cazelle dans sa défense, ne laissent aucune obscurité sur les obligations des chambres d'accusation, relativement aux faits d'excuse, et aux exceptions portées dans les articles 321 et 328 dudit Code; mais ne décident nullement que les *combats singuliers* soient autorisés, ni qu'ils puissent servir d'excuses aux meurtres qui en sont si souvent la suite;

« Considérant qu'il n'est pas établi que ledit Cazelle, en se rendant à l'invitation dudit sieur Ferret, eût, avant l'action, formé le projet d'attenter à ses jours; ce qui aurait caractérisé la *préméditation ;*

« Considérant enfin que les premiers juges ayant mal qualifié le fait dont s'agit, dans l'ordonnance de compétence, c'est le cas d'en ordonner l'annulation;

« Par ces motifs, la Cour, disant droit tant sur les réquisitions du Procureur général, que sur l'opposition formée par le Procureur du roi, a annulé et annule l'ordonnance de compétence rendue, dans la présente affaire, le 28 octobre 1818, par la chambre du conseil du tribunal de première instance, séant à Montpellier; ce faisant, a mis et met en accusation le *nommé Mathieu-Brutus Cazelle ;* renvoie cet accusé à la Cour d'assises du département de la Haute-Garonne. »

Nouveau pourvoi en cassation.

Cependant, comme l'arrêt ci-dessus n'était pas fondé sur les mêmes motifs que celui de Montpellier, l'affaire n'a pas été portée en sections réunies ; seulement à cause de l'importance et de la gravité de la question, toutes les chambres de la Cour ont été consultées. Voici le résultat de leur délibération :

ARRÊT.

« La Cour, sur les conclusions de M. le baron Mourre, Procureur général ;

« Vu le § 1er de l'art. 229 du Code pénal, et les trois premiers paragraphes de l'art. 229 du Code d'instruction criminelle, ainsi conçus.....

« Vu aussi les articles 295, 296, 297, 319 et 321 du Code pénal ;

« Vu, enfin, le décret du 29 messidor an 2 ;

« Attendu que, par l'arrêt de la chambre d'accusation de la Cour royale de Toulouse, dont la cassation est demandée, le sieur Cazelle a été renvoyé devant la Cour d'assises du département de la Haute-Garonne, pour y être jugé sur l'accusation d'un homicide volontaire, prévu et puni par l'art. 295, et l'art. 304 du Code pénal ;

« Que, d'après les faits déclarés dans cet arrêt, cette accusation a été prononcée contre lui sur ce qu'il avait tué le sieur Ferret dans un duel, dans lequel celui-ci, qui avait porté les premiers coups, fut atteint à la poitrine d'un coup qui le priva à l'instant de la vie ;

« Mais que les articles 295 et 304 du Code pénal,

ni aucun autre article de ce Code, sur l'homicide,
le meurtre et l'assassinat, ne peuvent être appliqués à
celui, qui, dans les chances réciproques d'un duel , a
donné la mort à son adversaire , sans déloyauté , sans
perfidie ;

« Que ce fait ne saurait rentrer dans l'art. 319, qui
a prévu le cas d'un homicide commis involontairement , par négligence ou maladresse ;

« Qu'il ne rentre pas non plus dans les articles 321
et 326, qui supposent un meurtre commis sans liberté
d'esprit et dans le premier ressentiment d'une provocation, ou par des violences graves ;

« Qu'il ne pourrait pas être poursuivi et puni ,
d'après l'art. 295 et le second paragraphe de l'art. 304,
parce que le meurtre, qui est l'objet de ces articles,
est celui qui a été commis sans avoir été provoqué,
comme dans l'espèce précédente, par des coups ou par
des violences , mais sans dessein antérieurement formé ,
et dans l'emportement subit d'une passion violente ,
ou l'inspiration d'un sentiment pervers qui a fait exécuter un crime que la réflexion n'avait pas médité, et
dont l'idée n'avait pas été conçue ;

« Qu'il ne pourrait enfin être assimilé au meurtre
commis avec préméditation , que le Code qualifie
d'assassinat, et qu'il punit de mort ;

« Que l'assassinat, en effet, suppose une agression
préméditée, non concertée auparavant avec celui sur
qui elle a été exercée, accompagnée du dessein de

donner la mort, et dans laquelle, s'il y a eu résistance, la résistance n'est née que de l'attaque;

« Que dans le duel , au contraire , il y a toujours convention antérieure , intention commune , récipro-cité et simultanéité d'attaque et de défense ; que le même rapprochement des dispositions du Code pénal sur les blessures, conduirait à la même décision à l'égard des blessures faites dans un duel ;

« Que, du reste, si, lorsqu'il n'y a pas de doute dans une loi, on devait recourir à des autorités prises hors de son texte, on rappellerait le décret du 29 messidor an 2, de la seconde partie duquel il résulte que l'assemblée, qui exerçait, à cette époque, le pou-voir législatif, reconnut que le duel, et conséquem-ment les faits qui en sont le résultat ordinaire, n'avaient pas été prévus et punis par le Code de 1791 , alors en vigueur , ce qui s'applique nécessairement au Code pénal actuel, qui n'a fait que renouveler, sur l'homi-cide, le meurtre, l'assassinat et les blessures, les dis-positions de ce Code de 1791 , ou du moins ne les a pas étendues ;

« Que c'est au pouvoir législatif à juger s'il convient de compléter notre législation par une loi répressive, que la religion, la morale, l'intérêt de la société, et celui des familles paraissent réclamer, et à régler par quelles mesures doivent être prévenus ou punis des faits qui ont un caractère spécial par leur nature , leur prin-cipe et leur fin ;

« Que, lorsqu'un homme a été tué, ou qu'il a

reçu des blessures, la loi veut qu'il soit fait des recherches et des poursuites; mais que, lorsque par les
défenses des prévenus, et par les notions de l'instruction, il est établi que la mort a été donnée, ou que
les blessures ont été faites sans déloyauté, dans les
chances d'un duel, dont les parties étaient convenues;
quelque blâmable qu'ait été cette convention, quelque
odieuse qu'ait été son exécution, l'action de la justice
doit s'arrêter, parce qu'elle n'a droit de poursuivre
que les crimes et les délits, et que les seuls faits qui soient
crimes ou délits, sont ceux que la loi a qualifiés tels ;

« Et, attendu que la Cour royale de Toulouse n'a
point reconnu que l'instruction fournît quelque preuve,
ni même quelque indice que le sieur Cazelle eût donné
la mort au sieur Ferret par un fait autre que celui résultant des chances de leur duel; que dans ces circonstances, la mise en accusation, et le renvoi à la Cour
d'assises du sieur Cazelle, ont été une fausse application des articles 295 et 304 du Code pénal, et par
suite, une violation des art. 229 et 299 du Code d'instruction criminelle.—D'après ces motifs, la Cour casse
et annule l'arrêt rendu par la Cour royale de Toulouse, chambre des mises en accusation, du 12 février
dernier. » — 8 *Avril* 1819.

3° *Duel de MM. Harty de Pierrebourg et Beaupoil*
de Saint-Aulaire

En 1818, M. le duc de Feltre, ancien ministre de
la guerre, étant décédé dans sa terre en Alsace, au sein

4

de sa famille , un jeune officier, M. Beaupoil de Saint-Aulaire publia une brochure, intitulée : *Oraison funèbre de M. le duc de Feltre.*

Cette brochure contenait, parmi quelques éloges, des expressions injurieuses à la mémoire de ce ministre.

C'est pour obtenir pleine satisfaction de ces calomnies , que M. Harty de Pierrebourg, lieutenant au corps royal de l'état-major, comme parent du duc de Feltre , proposa un duel à l'auteur de cette brochure.

Le duel est convenu et réglé ; les deux adversaires se rendent au bois de Boulogne. Ils se battent au sabre ; M. Harty de Pierrebourg reçoit le premier coup au genou; mais il riposte et tue son adversaire, en présence de quatre témoins.

Plainte contre M. Harty, par M. le procureur du Roi.

Ordonnance de la chambre du conseil , qui déclare qu'il y a lieu à suivre.

Le 30 mars 1819, arrêt de la Cour royale de Paris qui renvoie le prévenu devant la Cour d'assises.

Pourvoi en cassation par M. Harty de Pierrebourg.

ARRÊT.

Ouï M. Ollivier, conseiller, en son rapport, Me Loiseau, avocat du sieur Henri Harty de Pierrebourg, en ses observations, et M. Freteau Depeny, avocat général en ses conclusions;

« Vu le paragraphe Ier de l'art. 229, et les trois premiers paragraphes de l'art. 299 du Code d'instruction criminelle, qui sont ainsi conçus.......

« Vu aussi les art. 295, 296, 297, 319 et 321 du Code pénal ;

« Vu enfin le décret du 29 messidor an 2 :

« Attendu que par l'arrêt de la chambre d'accusation de la Cour royale de Paris, dont la cassation est demandée, le sieur Harty de Pierrebourg a été renvoyé devant la Cour d'assises du département de la Seine, pour y être jugé sur l'accusation d'un homicide volontaire prévu et puni par l'art. 295, et l'art. 304 du Code pénal ;

« Que d'après les faits déclarés dans cet arrêt, cette accusation a été prononcée contre lui sur ce qu'il aurait tué le sieur de Saint-Aulaire dans un duel dans lequel celui-ci porta un coup au sieur Harty de Pierrebourg, et reçut au même moment une blessure profonde qui le renversa, et peu d'instans après le priva de la vie ;

« Mais que les articles 295 et 304 du Code pénal, ni aucun autre article de ce Code sur l'homicide, le meurtre et l'assassinat, ne pouvaient être appliqués à celui qui, dans les chances réciproques d'un duel, a donné la mort à son adversaire, sans déloyauté ni perfidie ;

« Que ce fait ne saurait rentrer dans l'art. 319, qui a prévu le cas d'un homicide commis involontairement par négligence ou maladresse ;

« Qu'il ne rentre pas non plus dans les art. 321 et 326, qui supposent un meurtre commis sans liberté d'esprit, et dans le premier ressentiment d'une provocation, par des coups ou des violences graves ;

« Qu'il ne pourrait pas être poursuivi et puni d'après les art. 295, et le deuxième paragraphe de l'art. 304, parce que le meurtre qui est l'objet de ces articles est celui qui a été commis sans avoir été provoqué, comme dans l'espèce précédente, par des coups ou par des violences ; mais sans dessein antérieurement formé, et dans l'emportement subit d'une passion violente, ou l'inspiration d'un sentiment pervers qui a fait exécuter un crime que la réflexion n'avait pas médité et dont l'idée n'avait pas été conçue ;

« Qu'il ne pourrait être enfin assimilé au meurtre commis avec préméditation, que le Code qualifie assassinat, et qu'il punit de mort ;

« Que l'assassinat en effet suppose une agression préméditée, non concertée auparavant avec celui sur lequel elle a été exercée, accompagnée du dessein de donner la mort, et dans laquelle, s'il y a eu résistance, la défense n'est née que de l'attaque ;

« Que dans le duel au contraire, il y a toujours convention antérieure, intention commune, réciprocité, simultanéité d'attaque et de défense ;

« Que le même rapprochement des dispositions du Code pénal sur les blessures, conduirait à la même décision à l'égard des blessures faites dans un duel ;

« Que du reste, si lorsqu'il n'y a pas de doute dans une loi, on devait recourir à des autorités prises hors de son texte, on rappelerait le décret du 29 messidor an 2, de la seconde partie duquel il résulte que l'assemblée qui exerçait à cette époque le pouvoir législatif, reconnut que le duel et conséquemment les faits qui en sont le résultat ordinaire, n'avaient pas été prévus et punis par le Code pénal de 1791 alors en vigueur, ce qui s'applique nécessairement au Code pénal actuel, qui n'a fait que renouveller sur l'homicide, le meurtre, l'assassinat ou les blessures, les dispositions du Code de 1791, ou du moins ne les a pas étendues;

« Que c'est au pouvoir législatif à juger s'il convient de compléter notre législation par une loi répressive, que la religion, la morale, l'intérêt de la société et celui des familles paraissent réclamer, et à régler par quelles mesures doivent être prévenus et punis des faits qui ont un caractère spécial par leur nature, leur principe et leur fin;

« Que lorsqu'un homme a été tué, ou lorsqu'il a reçu des blessures, la loi veut qu'il soit fait des recherches et des poursuites;

« Mais que lorsque, par la défense du prévenu, et par les notions de l'instruction, il est établi que la mort a été donnée, ou que les blessures ont été faites sans déloyauté dans les chances d'un duel dont les parties étaient convenues, quelque blâmable qu'ait été cette convention, quelque odieuse qu'ait été son exécution, l'action de la justice doit s'arrêter, parce qu'elle n'a droit de poursuivre que les crimes et les délits ; et que les seuls faits qui soient crime ou délit sont ceux que la loi a qualifiés tels;

« Et attendu que la Cour royale de Paris n'a point
reconnu que l'instruction fournit quelque preuve, ni
même quelque indice que le sieur Harty de Pierrebourg eut donné la mort au sieur Beaupoil - Saint-
Aulaire, par un fait autre que celui résultant des
chances d'un duel ;

« Que dans ces circonstances, la mise en accu-
tion du sieur Harty Pierrebourg, et son renvoi à
la Cour d'assises du département de la Seine, ont
été une fausse application des art. 295 et 304 du
Code pénal, et, par suite, une violation des art. 229
et 299 du Code d'instruction criminelle ;

« D'après ces motifs, la cour casse et annule l'arrêt de la Cour royale de Paris, chambre des mises
en accusation le sieur Guillaume - Henry Harty de
Pierrebourg, et le renvoie devant la Cour d'assises
du département de la Seine :

« Et pour être de nouveau procédé au réglement
de la compétence, renvoie le prévenu et les pièces
de la procédure devant la Cour royale d'Amiens. »
Du 21 mai 1819.

4° *Duel de MM. de Saint-Marcellin et Fayau.*

Ces deux jeunes officiers ayant eu un différend
conviennent de se battre en duel, au pistolet. Ils se
rendent au lieu fixé, avec des témoins. M. Fayau tire, et
M. de Saint-Marcellin succombe. Des paysans accou-
rent, et l'emportent sur des brancards chez M. de
Fontane, son parent. Quelques heures après il expire.

Plainte contre M. Fayau et contre les témoins, par M. le procureur du roi.

Ordonnance de la Chambre du conseil qui déclare qu'il y a lieu à suivre, mais seulement contre M. Fayau.

Le 30 mars 1819, arrêt de la chambre d'accusation de la Cour royale de Paris, qui renvoie le prévenu devant la Cour d'assises.

Pourvoi en cassation contre cet arrêt.

Et le même jour 21 mai 1815, au rapport du même conseiller, il intervient un arrêt que nous ne transcrivons point, attendu qu'il est absolument conforme au précédent.

———————

Telle est la jurisprudence de la Cour de cassation; on voit qu'elle n'a jamais varié, et tout annonce qu'elle n'éprouvera aucune modification tant qu'une loi nouvelle n'aura pas prononcé des peines contre le duel et complété sur ce point notre législation.

§ IX.

Nécessité de réprimer le Duel.

Avant d'examiner cette matière il faut décider une question importante : *Une loi est-elle nécessaire pour réprimer et punir le duel?*

Cette question préliminaire est sérieuse et grave.

D'une part, depuis 30 ans nous vivons en l'absence de toute loi pénale contre le duel, et l'expérience n'a signalé aucun inconvénient grave résultant de cette lacune dans la nouvelle législation. Les duels n'ont pas été plus fréquents ; au contraire, la fureur du duel semble s'être ralentie : on compte beaucoup moins de victimes qu'avant la révolution. D'ailleurs la nécessité de se battre en duel pour venger une injure est établie par la première de toutes les lois, par *la loi de l'honneur*, et l'honneur est tout pour un militaire, il est plus précieux que la vie.

D'autre part, on répond que si le duel a perdu son intensité depuis 1789, c'est à cause de l'état de guerre qui s'est perpétué jusqu'au retour du Roi. Mais depuis cet heureux événement, la fureur de se battre s'est réveillée, elle s'est emparée de toutes les têtes ; les bourgeois comme les soldats ont donné ou accepté des *rendez-vous*, et nos débats politiques, nos discordes civiles lui ont donné un nouvel aliment ; la liberté de la presse, la permission illimitée de tout imprimer, même les injures, même les calomnies, sauf à les réparer, a encore aggravé le mal. C'est pour le neutraliser, pour en arrêter les progrès que dans toute la France les procureurs du Roi ont cru devoir *d'office* poursuivre comme prévenus d'*homicide* quiconque a tué son adversaire dans un duel même régulier.

Sans doute le calme doit succéder à l'orage ; sans doute que sous le Gouvernement d'un Roi aussi sage, aussi juste, la France jouira bientôt d'une paix profonde ; mais alors, comme aujourd'hui, il faudra encore réprimer le duel parce qu'en lui-même il est répréhensible, dangereux ; qu'il blesse les lois divines et humaines.

D'ailleurs en attendant cette paix parfaite le sang coule et c'est le sang des braves, c'est le sang des soutiens du trône et de la patrie. Hâtons - nous donc de délibérer; hâtons-nous de réprimer et de proscrire le duel.

Pour extirper ou du moins pour amortir le mal, tout consiste à rendre une loi sage, une loi appropriée à nos mœurs actuelles et surtout à l'esprit de l'armée.

C'est vers ce but louable que le législateur doit diriger ses efforts. Et comme bon citoyen et bon Français, j'ai cru devoir lui soumettre le résultat de mes réflexions.

D'abord, il est certain que l'on ne peut plus remettre en vigueur l'ancienne législation française contre le duel, parce qu'elle était trop sévère; que cet excès de sévérité l'avait déjà fait tomber en désuétude long-temps avant la révolution; que d'ailleurs elle contient une foule de dispositions qui sont incompatibles avec l'organisation de l'armée.

Dans l'état actuel des choses, il faut chercher d'autres remèdes, il faut imaginer des nouveaux moyens de répression, il faut prononcer des nouvelles peines. Et ce n'est pas seulement la France, c'est la Bavière, c'est la Prusse, c'est l'Europe entière, qui, ayant perfectionné son système militaire, sent le besoin de mettre un frein puissant à la fureur du duel.

En Allemagne comme en France la peine de mort était toujours prononcée contre les duellistes, ou plutôt le meurtre commis dans un duel était puni comme tout autre meurtre (1). Mais l'excès de cette peine a été depuis long-temps senti; et chez nos voisins comme chez nous les anciennes lois contre le duel sont tombées en désuétude. Nous ne pouvons donc y puiser aucun renseignement propre à guider nos pas dans la nouvelle carrière que nous devons parcourir.

Interrogeons actuellement la législation anglaise.

§ X.

Législation anglaise sur le Duel.

Pour connaître exactement les lois anglaises sur cette matière, consultons, Blackstone, l'un des plus profonds jurisconsultes de son pays.

1° « Si nous voulions, dit-il, nous conformer aux usages que le goût de nos ancêtres pour la guerre avait fait établir; que comme eux nous voulussions avoir des tournois et des combats de gladiateurs, et que dans ces combats (s'ils n'étaient point autorisés par la loi) quelqu'un vint à périr par les mains d'un adversaire, ce dernier serait justement regardé comme coupable d'homicide. Ce qui, au cas contraire, n'était pas à Rome et à Athènes; car celui qui tuait un autre

---

(1) Voy. MATHOEUS, *De Criminibus*, p. 448. — BERLICHIUS, part. IV, Conc. 27. — FARINACOEUS, *Quest.* 18. MENOCHIUS, *De Arb. cas.* 362.

dans le *Paneratium*, où ces jeux publics étaient autorisé par la loi, n'était pas regardé comme homicide.

« De même celui qui, en fouettant le cheval d'un autre, est cause de la mort d'un enfant se rend coupable du crime d'homicide, et le cavalier est réputé innocent : par la raison que celui-ci n'a rien fait d'illégal, au lieu que l'action de l'autre est punissable, puisqu'il en eût dû prévoir les suites dangereuses.

« Il en est de même des jeux d'amusement dont il peut résulter quelque mal : comme de jeter des pierres dans les rues ou dans les combats barbares des coqs. Si l'une de ces pierres donne la mort à quelqu'un, celui qui l'a jetée est réputé homicide, attendu l'illégalité de son action.

2° « L'homicide *se defendendo* peut plutôt, suivant la loi anglaise, être excusé que justifié ; et cette espèce de différence personnelle doit être distinguée de celle dont nous venons de parler. Car l'homicide *per infortunium* n'est commis que pour empêcher l'accomplissement d'un crime capital qui intéresse toute la société ; au lieu que l'homicide *pro défendendo* n'a pour but que la propre défense de celui qui le commet, et c'est pourquoi celui-ci peut être excusé, mais que celui-là est non-seulement excusable mais justifiable. L'homicide *pro se defendendo* se commet lorsqu'on se trouve exposé à perdre soi-même la vie, soit par une attaque imprévue, lorsqu'on est involontairement exposé dans une émeute ou dans une querelle imprévue qui met en péril de la vie celui

qui s'y rencontre. La loi appelle cette espèce de meurtre *chance medley* (meurtre *accidentel*) ; ce qui
peut s'entendre également d'un meurtre occasionné
par un tumulte inattendu, ou d'un meurtre commis
dans un tumulte, par le mouvement impétueux d'une
passion aveugle.

« Le statut 24, chap. 5, de Henri VIII, et tous nos
anciens livres de lois, considéraient le meurtre *se
defendendo* comme un acte de défense naturelle et
non comme un acte pour venger une injure passée,
qui serait condamnable : puisque la façon de la venger, la seule qui soit légitime, c'est d'avoir recours
aux tribunaux de la justice ; ce qui ne peut avoir lieu
dans le cas d'une attaque subite ou lorsqu'on se trouve
exposé à quelque acte de violence. Car s'il n'est point
possible alors d'être secouru par la loi, il s'ensuit que,
pour que l'homicide soit regardé comme un homicide *pro se defendendo*, il faut nécessairement
que celui qui l'a commis n'ait pu trouver d'autre
moyen d'échapper à l'agresseur, que celui de lui
donner la mort.

« Il est des cas où le meurtre accidentel, commis,
pro se defendendo, rend coupable du crime d'homicide. Comme, par exemple, celui qui donne la
mort à un autre, en combattant régulièrement avec
lui ; mais si le combat n'est pas encore commencé,
et que celui qui y est provoqué par quelqu'insulte,
fasse tous ses efforts pour éviter d'en venir aux mains,
qu'il y soit cependant forcé et qu'il donne la mort à

son adversaire, il est excusable aux yeux de la loi, qui ne voit plus le meurtre qu'il a commis, que comme une défense naturelle à celui-là et faite pour prévenir sa propre destruction.

« Mais pour que la loi porte ce jugement de son action, il faut qu'il soit prouvé qu'il a réellement fait tous ses efforts pour éviter le combat, soit en s'éloignant de son adversaire, soit en ne le combattant que lorsqu'il s'est trouvé dans l'imposibilité de pouvoir faire autrement. Car elle ne regarderait pas l'importunité de l'agresseur comme une raison suffisante pour excuser celui qui, en cédant à cette importunité, se battrait avec lui et répandrait son sang.

« En temps de guerre on peut regarder comme une lâcheté de prendre la fuite en présence de l'ennemi; mais la loi ne considère pas comme un déshonneur d'éviter de combattre son compatriote, par la raison que le Roi et les Cours de justice étant *vindices injuriarum* , l'injurié peut obtenir une satisfaction légale de l'insulte qu'il aura reçue. La loi romaine est, en cela, d'accord avec nos lois. Elle dit positivement : *Qui cum aliter tueri se non possunt, damni culpam dederint, innoxii sunt.*

« Ainsi l'attaqué doit, avant d'en venir au combat, faire tous ses efforts pour se mettre à couvert des coups que pourrait lui porter son ennemi, soit en se retirant derrière un mur, un fossé, etc. Mais s'il était attaqué de façon à ne pouvoir se retirer, que sa vie fût en danger ou qu'il eût déjà reçu une blessure,

alors il pourrait, sans être coupable, donner la mort à
ce même ennemi : ce qui est conforme au droit naturel qu'ont tous les hommes et qui est respecté également par toutes les nations. Mais si, dans le tumulte
occasionné par une émeute, la personne attaquée ne
porte aucun coup à l'agresseur, et que ce ne soit que
lorsque celui-ci prend la fuite qu'elle le poursuit et lui
donne la mort ; alors, n'étant plus dans le cas de la
défense naturelle permise par la loi, le meurtre qu'elle
commet est considéré comme un assassinat volontaire
et de propos délibéré.

« Si deux personnes, A et B, étant convenues de se
battre en duel, A donne le premier coup, que B se
retire, et qu'en se retirant il soit obligé de se défendre
et donne la mort à A ; B est toujours considéré comme
homicide, par la raison qu'ayant accepté le combat
qu'il pouvait refuser, il a lui-même donné, mécham-
ment, occasion au meurtre qu'il a commis.

« Mais si A a une querelle avec B, et en se voyant
attaqué prend la fuite, *bona fide,* et soit obligé,
étant poursuivi par B, de le combattre et qu'il vienne
à le tuer ; il n'est alors considéré que comme homicide, *se defendendo.* » Blackstone , *t.* 6 , *pag.* 92.

Toutes ces distinctions, il faut en convenir, ne
peuvent s'adapter ni à notre législation ni à nos
mœurs ; la fuite ne peut être exigée d'un militaire
français lorsqu'il est attaqué par un autre militaire
ayant les armes à la main. Plus le danger est imminent,
plus nos braves mettent de gloire à l'affronter ; en pa-

o·eil cas, ils ne calculent point. Fuir dans un combat
singulier leur paraîtrait aussi déshonorant que la
fuite en présence de l'ennemi. Et s'il est utile de pro-
hiber le duel, c'est contre la convention en elle-même
qu'il convient de diriger tous ses efforts. Mais il serait
impolitique de faire un crime à un Français de s'être
battu avec courage et de n'avoir pas songé à la fuite,
lorsque le combat a été engagé et que les deux adversaires ont eu mis l'épée à la main. Alors la mort
de l'un d'eux n'est qu'un accident, elle ne peut être
qualifiée ni *homicide*, ni *assassinat*.

La législation anglaise ne peut donc nous fournir
aucune lumière sur le point que nous discutons.

§ XI.

Motifs et Projet de Loi.

En législation comme en médecine, au moral comme
au physique, il faut toujours appliquer le remède le
plus convenable ; souvent un remède violent irrite et
tue le malade, lorsque des médicaments et un traite-
ment plus doux l'auraient guéri.

Voulez-vous extirper un vice, un mal invétéré ? em-
ployez les moyens opposés ou contraires : *contraria
contrariis sanantur.*

Qu'est-ce que le duel ? C'est un *faux point d'honneur :* c'est donc avec les lumières de la raison, c'est
avec les principes du *véritable honneur* qu'on par-
viendra infailliblement à extirper ce *préjugé* gothique
et barbare.

L'honneur bien entendu, l'honneur vrai prescrit à un militaire de déployer son courage et son adresse sur un champ de bataille, de se dévouer, de sacrifier sa vie pour le succès des armes de son prince, de verser jusqu'à la dernière goutte de son sang pour le bonheur, pour la gloire de son pays.

Fuir devant l'ennemi, abandonner un poste périlleux, reculer devant une mort certaine, inévitable, c'est pour lui le comble de l'opprobre et de l'ignominie.

Tout soldat qui fuit, qui déserte ses drapeaux, qui passe à l'ennemi, qui tourne ses armes contre sa patrie n'est pas digne de vivre; sa vie même fait son déshonneur. Au contraire le brave qui meurt en combattant pour elle se couvre de gloire; il meurt regretté et honoré; que dis-je? il ne meurt pas, il vit éternellement.

Tel est pour un soldat l'unique, le véritable honneur.

Mais que peut-il trouver de glorieux, d'honorable dans un duel? Il a reçu une offense, il veut la venger. Fort bien: mais au lieu de demander justice, au lieu de s'adresser à ses chefs, il veut lui-même se venger; pour y parvenir il envoie un cartel, il met l'épée à la main, il veut laver son injure avec le sang de son adversaire; rien ne peut l'arrêter.

Or qu'arrive-t-il? Que le sort des armes se déclare contre lui, que son sang est versé; que c'est lui qui reçoit le coup de la mort. Ainsi après avoir été victime d'une injure, il devient encore victime de la réparation; il meurt deux fois déshonoré.

Ou bien le sort le favorise, il blesse, il tue son adversaire; mais quel avantage prétend-il tirer de cet assassinat? sa vengeance est assouvie; mais il est comptable envers son pays de la mort de son camarade : mais sous le prétexte de réparer une offense particulière, il a gravement offensé la société toute entière, il a plongé une famille dans le deuil et la désolation, il a enlevé à l'armée un officier, un soldat; il a privé la patrie peut-être de son plus fidèle, de son plus vaillant défenseur; or, on le demande, quelle satisfaction, quel avantage, quel *honneur* enfin espère-t-il obtenir d'une pareille action !....

Ainsi, quelle que soit la chance du combat, que le provocateur triomphe ou qu'il succombe, le duel n'a rien *d'honorable* pour lui; c'est donc par un faux calcul, par un *faux point d'honneur* qu'il a été porté à provoquer un duel.

Au surplus, les réflexions se présentent en foule pour démontrer l'absurdité du duel (1). Mais la passion ne réfléchit pas, elle ferme les yeux à la lumière. C'est précisément par ce motif que le législateur doit em-

---

(1) Il faut voir sur ce point la brochure intitulée *Essai sur le Duel*, par M. Salleville.

On peut encore consulter une autre brochure intitulée : *Essai de Législation sur le Duel ;* par un jurisconsulte.

Les raisonnements nombreux autant que solides dans lesquels ces deux auteurs sont entrés, nous dispensent de développer davantage cette partie de notre ouvrage : nous renvoyons le lecteur à ces deux *Essais*.

ployer son autorité pour réprimer ce faux point
d'honneur, ce triste fruit de la barbarie de nos ancêtres.

Les peines qui me paraissent les plus propres à déra-
ciner ce *préjugé* ne sont pas la mort, les travaux forcés,
ni aucune peine corporelle; c'est la privation de l'avancement, c'est la dégradation de la Légion d'honneur
ou de toute autre décoration militaire; c'est en cas de
récidive la perte des grades obtenus.

D'après le système militaire actuel, les honneurs,
les décorations et les grades ne s'obtiennent plus par
faveur, mais par une bonne conduite, par des talents,
et de la bravoure.

Or il convient de les refuser au militaire qui se rend
rebelle à la voix du prince et de la patrie, qui propose ou
qui accepte un combat défendu par les lois, qui en-
freint les ordres ou les défenses de ses chefs, et qui tue
un compatriote, ou un camarade. *Contraria contrariis sanantur.*

Si l'honneur est cher au soldat français, si l'honneur est son unique élément, si le véritable honneur
le conduit toujours à la victoire, autant il faut entre-
tenir en lui ce noble sentiment, autant il est nécessaire
de réprimer le *faux honneur*, cette passion grossière,
brutale, ce préjugé cruel qui porte les militaires à s'entr'égorger.

Cependant il n'est pas de règle sans exception, il
est des circonstances extraordinaires où le duel peut
encore être permis : un général est accusé de trahi-
son, un officier est publiquement signalé comme un

lâche, un soldat est accusé d'un fait, qui, s'il était vrai, le couvrirait d'opprobre et d'infamie; en pareil cas l'injure est trop grave pour ne pas exiger une réparation d'honneur solennelle.

Alors si le militaire offensé veut recourir à la chance des armes, peut-être serait-il convenable de lui en accorder la permission; mais cette permission ne devrait lui être délivrée qu'en connaissance de cause, et après un mûr examen par l'autorité supérieure.

Les soldats l'obtiendraient du conseil d'administration du régiment, et les officiers d'un tribunal *d'honneur* composé des maréchaux de France.

PROJET DE LOI.

ARTICLE PREMIER.

Le duel est prohibé entre les militaires français en activité de service ou en retraite.

ART. II.

Cependant, le duel peut être autorisé pour des causes très-graves ; savoir :

A un soldat et sous-officier, par le conseil d'administration de son régiment ;

A un officier, quel que soit son grade, par le tribunal d'honneur ;

ART. III.

Le tribunal *d'honneur* est composé de tous les maréchaux de France.

Art. IV.

Tout militaire convaincu d'avoir proposé ou accepté un duel non autorisé, sera privé à perpétuité de tout avancement dans l'armée.

Art. V.

En cas de récidive, tout militaire décoré sera dépouillé de sa décoration ;

Le soldat sera envoyé dans un bataillon colonial;

Le sous-officier sera mis à la suite du régiment;

Et l'officier descendra d'un grade.

Art. VI.

Tout individu, non-militaire, qui se battra en duel, sera poursuivi et condamné d'après les dispositions du Code pénal, comme coupable de *blessure* ou *homicide*.

———

Tel est le Projet que nous soumettons au Gouvernement, à la Chambre des Pairs, à la Chambre des Députés, et que nous livrons à la méditation des généraux, des officiers et soldats ; à celle des magistrats et jurisconsultes, et de tous ceux qui, comme nous, brûlent d'amour pour le prince et la patrie.

Nous avons l'intime conviction que le duel est un fléau dans l'armée, qu'une loi est nécessaire pour l'anéantir ou le comprimer. Nous pensons que le projet ci-dessus pourrait, sauf quelques modifications, remplir le but desiré et combler une lacune qui existe depuis trente ans dans notre législation criminelle.

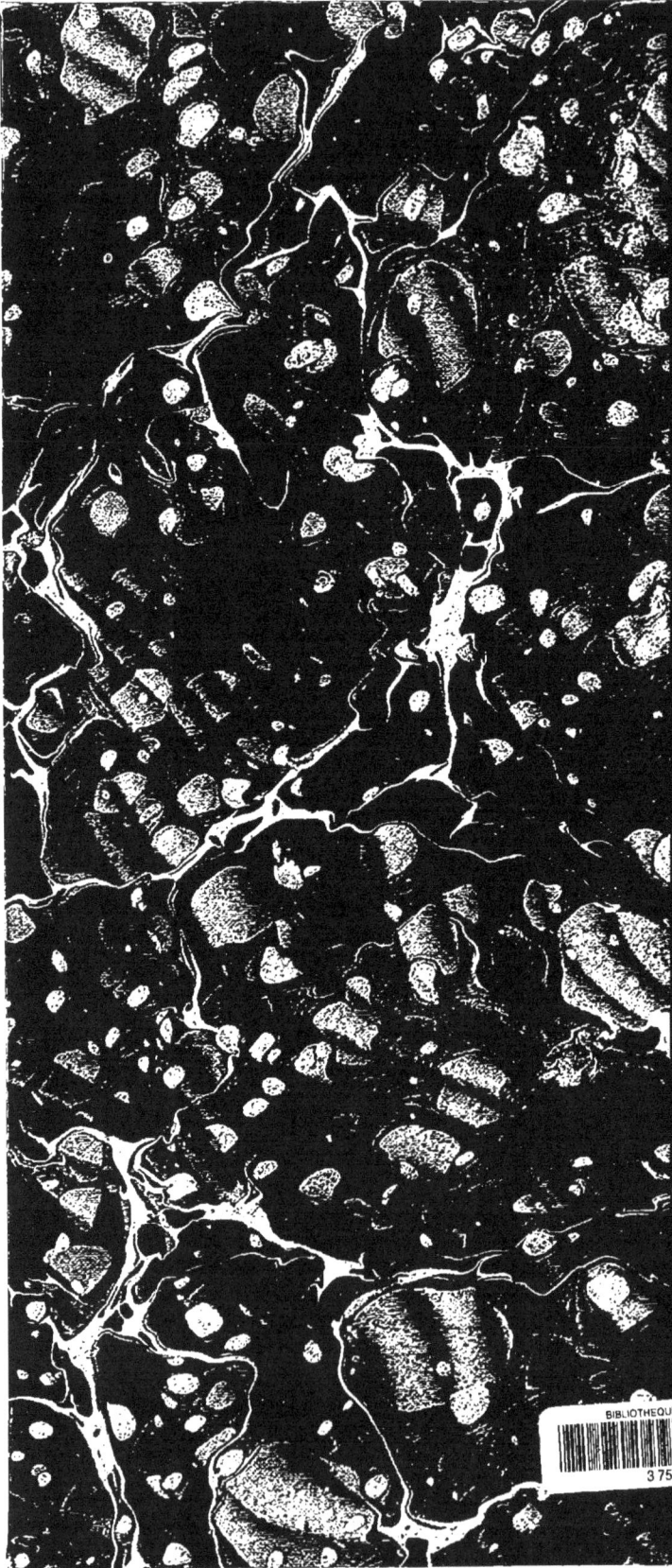